Badespaß & Kurstadtkipferl

Badespaß & Kurstadtkipferl

Welterbe in Baden bei Wien entdecken

unesco
The Great Spa Towns of Europe
Inscribed on the World
Heritage List in 2021

Dieses Buch gehört

Die goldenen Quellen

Tief unter ihren Häusern und Straßen besitzt die Stadt Baden einen besonderen Schatz: In den Spalten und Hohlräumen eines unterirdischen Labyrinths fließt heißes Schwefelwasser. An manchen Stellen dringt es durch Risse an die Oberfläche und bildet eine von 14 Quellen. Dort sprudelt es dann hervor, und die Menschen können darin ein wohltuendes Bad genießen.

Dieses Wasser sickert schon seit Urzeiten beim Schneeberg 5.000 Meter tief in die Erde. Es heizt sich auf, reichert sich mit Schwefel an und strömt langsam ins Wiener Becken. Bei Baden bahnt sich das Wasser schließlich seinen Weg an die Oberfläche.

Wegen seiner Farbe und seiner bedeutsamen Wirkung nennen es die Bewohnerinnen und Bewohner das „gelbe Gold".

Tatsächlich ist Badens flüssiges Gold ebenso wertvoll wie das aus Metall und der Grund für den Reichtum der Stadt. Warum aber ist das so? Es ist der wunderbare Effekt, den das Schwefelwasser auf die Gesundheit hat, den

...und dann zurück nach Baden

so viele Besucherinnen und Besucher für sich nutzen möchten. Dafür sind sie sogar bereit, von weit weg anzureisen und zu bezahlen. Sie wollen sich gesund halten oder lästige Beschwerden loswerden – und hier kann das gelbe Gold mit seinen bemerkenswerten Kräften glänzen.

Das Badener Schwefelwasser wirkt entspannend, entzündungshemmend und schmerzlindernd. Außerdem tut das warme Wasser dem Körper und der Seele gut.

Das haben schon die Römer vor 2.000 Jahren gewusst und deshalb die Siedlung Aquae rund um die dampfenden Schwefelquellen erbaut. Jahrhunderte später wird der Ort von seiner Bevölkerung Padun genannt, was Baden heißt. Wie schon im ersten, so steckt auch im späteren Namen die Dankbarkeit der Bewohnerinnen und Bewohner für den Wohlstand, den ihnen die Heilquellen brachten. Denn in ihnen baden, das wollten seit damals und bis heute Millionen von Menschen.

Badens Heilwasser fließt erst bis tief unter Oberlaa...

Sogar auf das Stadtwappen hat es das Heilwasser geschafft. Darauf genießen eine Frau und ein Mann in einer Holzwanne ihr Bad im „gelben Gold".

Typisch für das warme Schwefelwasser und daher auch für Baden ist der intensive Geruch. Während so mancher Neuankömmling verwundert die Nase rümpft, sind die Badener Schwefelkinder daran gewöhnt und stolz darauf. Schließlich machen die Quellen und alles, was dazugehört, die Stadt so einzigartig und interessant.

Nase zu und durch!

Schon früher machten sich die Leute Gedanken, wie sie mit dem starken Geruch von Schwefel am besten umgehen sollten. Denn so angenehm das wohltuende Bad auch war – der Geruch nach faulen Eiern konnte die Begeisterung durchaus dämpfen.

Der Schreiber Daniel Spitzer hatte eine einfache Lösung: Sie sollten sich in der Nähe der Quellen ein Taschentuch mit ihrem Lieblingsparfum vor die Nase halten!

Hihi! So geht's doch auch!

Wie ich der berühmteste Hund von ganz Baden wurde

Vor 2.000 Jahren kam ich mit meinem Herrn, einem römischen Soldaten, hierher. Die Stadt war zu der Zeit noch ein einfaches Lager und ich schon sehr alt. Mein Fell war struppig, meine Pfoten juckten und ich konnte meine Glieder nicht mehr so strecken, wie ich es gerne wollte. Trotzdem packte mich manchmal noch die Neugier. Gleich nach unserer Ankunft lief ich also in den Wald hinein, um mich in der fremden Umgebung umzusehen.

Da entdeckte ich am Rand einer Lichtung eine Quelle. Ich reckte meine Schnauze in die Höhe und schnupperte. Ein ungewöhnlicher Geruch lag plötzlich in der Luft! Es war ein kalter Tag und das Wasser dampfte, als ob in der Erde darunter ein Feuer brennen würde. Ich zitterte vor Kälte, darum sprang ich schnell hinein.

Glücklich seufzend paddelte ich herum – die Wärme tat so gut! Ich beschloss, von nun an jeden Morgen wiederzukommen. Da geschah ein Wunder! Ich tollte wieder wie ein Welpe herum – nichts tat mehr weh, meine Ausschläge waren verheilt und mein Fell glänzte.

Die plötzliche Verwandlung machte meinen Herrn neugierig. Er folgte mir in den Wald hinein, um hinter mein Geheimnis zu kommen.

Als er das dampfende Wasser sah, lachte er vor Freude, kraulte mich hinter den Ohren und gab mir zur Belohnung ein saftiges Stück Fleisch, denn er erkannte, dass ich eine wertvolle Heilquelle entdeckt hatte.

Schwefel – ein verblüffendes Element

Die gelben Kristalle machen das Badener Wasser erst zur Heilquelle. Ein Milligramm Schwefel pro Liter reicht aus, dass es als solche bezeichnet werden kann – die Quellen in der Kurstadt enthalten sogar ein Vielfaches der Menge! Zusammen mit Mineralstoffen wie Calcium, Natrium und Magnesium entfaltet das Wasser seine wohltuende Wirkung.

Wir heißen **Desulfovibrio Thermodesulfuricans** und wissen, wie man Schwefel so richtig zum Müffeln bringt! Hurra!!!

H_2S

Reiner Schwefel ist geruchlos ...

S

... erst, wenn **Bakterien** die schwefelsauren Salze in **Schwefelwasserstoff** umwandeln, riecht es nach faulen Eiern!

1 Liter Heilwasser aus Baden

1 Liter Heilwasser

In meine Wanne passen 150 Liter hinein!

Badewannen-Vergleich

Temperatur 23,5° C

Badens Ursprungsquelle liefert **jeden Tag 35.000 Liter** Wasser.

In **1 Stunde** kann man ungefähr **10 Badewannen** füllen.

Um **1 Badewanne** zu füllen, bräuchte man ungefähr **6 Minuten**.

6 Minuten!

Wusstest du schon?

Überall Lachen und fröhliche Gesichter. Jedes Jahr im Frühsommer herrschte Aufbruchsstimmung, und das Gefühl der Vorfreude stellte sich ein. Alt und Jung konnten es kaum erwarten, die triste Großstadt hinter sich zu lassen und den Sommer in Baden zu verbringen. Denn eine Kur ist eben mehr als nur ein Blubberbad im Schwefelwasser …

Egal, ob mit dem Zug oder mit der eigenen Kutsche – wenn die Familie aufs Land fuhr, herrschte ein geschäftiges Treiben.

Es wurde die passende Garderobe ausgewählt, die Koffer wurden gepackt und verladen. Zuhause bleiben wollte niemand, und so kamen alle mit – Oma, Opa, Tanten, Onkel, Mütter, Väter, Kinder, Bekannte, Bedienstete und Haustiere.

Gleich nach der Ankunft stürmten die Neuankömmlinge in Scharen die Villen und Hotels. Der Andrang war so groß, dass die Badener Bürgerinnen und Bürger jede noch so kleine Kammer als Fremdenzimmer vermieteten. Dann begann auch schon das straffe Programm des Kuraufenthalts, der mehrere Wochen dauerte. Zuerst wurde im Schwefelwasser gebadet, am besten mehrmals täglich. Das war heilsam und entspannend.

Zur Förderung der Gesundheit verschrieben die Ärzte noch ausgedehnte Spaziergänge und Wanderungen in der Natur. Diese konnten allerdings ganz schön anstrengend werden! Und was durfte keinesfalls zu kurz kommen? Natürlich der Spaß und das Vergnügen! Badens Besucherinnen und Besucher flanierten gerne im Kurpark, um den neuesten Tratsch auszutauschen und andere Leute zu beobachten. Der Musikpavillon und das Kaffeehaus waren schon damals beliebte Treffpunkte. Abends blieben die Kleinen bei der Gouvernante, während sich die Erwachsenen beim Tanz, beim Kartenspiel oder im Theater amüsierten. Die wahre Attraktion war jedoch hoher Besuch: Wenn Kaiser oder Königin anreisten, war das immer ein Riesenspektakel. Alle jubelten und bestaunten die prächtigen Gewänder der vornehmen Gäste.

Ein Ereignis jagte das nächste, sodass die Zeit wie im Flug verging.

An Kurtagen war viel los

Eine Kur hatte schon vor 200 Jahren etwas von einem Ferienlager. Die Menschen wollten sich in der Natur erholen, interessante Leute kennenlernen und Spaß haben. Damit sie den Überblick behielten, gab es eine Art Stundenplan.

Eine Kur in Baden war ein Erlebnis für alle Sinne: Medizin, Bewegung und Vergnügen sorgten gemeinsam dafür, dass die Gäste am Ende der Saison erfrischt nachhause fuhren und den Aufenthalt lange in Erinnerung behielten. Ein bisschen traurig war es schon, im Herbst Abschied zu nehmen … Aber die Menschen freuen sich aufs nächste Jahr, wenn die Reise von Neuem begann.

Erst danach kam das Frühstück, bei dem sie mit andern Gästen aus ganz Europa spannende Gespräche führten.

Badeuhr

Die Badeuhr war ein wichtiger Bestandteil der Bäder. Sie zeigte an, wann und für wie lange die Kurgäste das heilende Wasser genießen sollten.

Am Vormittag spazierten die feinen Damen und Herren im Kurpark, um andere Leute zu sehen und selbst gesehen zu werden.

Nach dem Kurkonzert liefen die Hungrigen schnell zum Mittagessen.

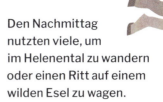

Den Nachmittag nutzten viele, um im Helenental zu wandern oder einen Ritt auf einem wilden Esel zu wagen.

... oder sie versuchten, einander beim Kartenspielen zu schlagen.

Die Pflichtbewussten gingen vor dem Abendessen nochmals baden, ...

... die anderen besuchten lieber das Theater, einen Spielsalon oder einen Ball und hofften, dort einen Blick auf den Kaiser und seine Familie zu erhaschen.

Hinterher sollten sie sich ausruhen.

Gleich nach dem Aufstehen schickten die Ärzte die Gäste zum Baden ins Schwefelwasser.

Die Kaiserin im Spielfieber

Schon vor rund 300 Jahren liebten die Leute das Spiel ums Geld, was im strengen Österreich offiziell verboten war. Kaiserin Maria Theresia war allerdings eine leidenschaftliche Spielerin. Sie erlaubte ihrem Volk deshalb alles, was auch sie selbst gerne spielte. So sah man sie des Öfteren im Billardsaal des Frauenbads, wo sie so manchen Gegner ins Schwitzen brachte. Im Gegensatz zu ihren Mitspielern gingen ihr die Geldreserven nämlich niemals aus. 1934 erlaubte das Land dann offiziell das Glücksspiel, und in Baden entstand ein prunkvolles Casino. Auch auf der Trabrennbahn oder beim Pferderennen setzten die Kurgäste gerne ihr Geld.

Ein süßes Souvenir

Dem köstlichen Badener Kipferl konnte niemand widerstehen – auch wenn so mancher Kurgast mit der süßen Leckerei gegen seinen Diätplan verstieß. Es schmeckte einfach zu gut! Die Leute brachten das berühmte Kurstadtkipferl gerne Familie und Freunden als Geschenk mit – ein gern gesehenes Souvenir.

Wusstest du schon?

Badens Bürgerinnen und Bürger arbeiteten fleißig, damit ihre Kurgäste eine schöne Zeit verbringen durften. Doch wer passte währenddessen auf die Kinder auf? Kaiserin Carolina Auguste ließ sich etwas Tolles einfallen: Sie gab den Auftrag, den Marienkindergarten zu bauen – einen der ersten Kindergärten Österreichs, der bis heute in Betrieb ist.

Fleißig zeichneten, planten, sägten und hämmerten die Stadtbewohner, bis Baden zu einem berühmten Weltkurort wurde. Sogar der Kaiser half mit! Das Stadtbild wurde auf Hochglanz poliert und bot alles, was das Herz begehrte. Die Gäste staunten nicht schlecht, was es in der Kurstadt alles zu entdecken gab.

Aber was ist eine Kurstadt eigentlich? Eine Kurstadt ist eine ganz besondere Stadt – hier dreht sich alles um die Gesundheit und das Wohlfühlen. Sie wächst nach einem bestimmten Plan: Die Heilquellen sind der Motor der Entwicklung – sie locken die Leute an. Um diese Quellen herum entstehen dann unterschiedliche Gebäude mit ganz speziellen Funktionen. Diese Bauwerke erzählen heute die einzigartige Geschichte der Kur, direkt zum Anschauen und Anfassen!

Größer, schöner und viel besser!

Am Beginn des 19. Jahrhunderts nahm die Neugestaltung der Stadt Baden so richtig Fahrt auf! Kaiser Franz der Erste kam 40 Jahre lang fast jeden Sommer mit seiner Familie zur Kur hierher.

Herzlich willkommen!

Die Stadtbewohner waren gute Gastgeberinnen und Gastgeber und hörten auf die Wünsche der Besucher. Denn sie wussten: Glückliche Gäste bringen Geld und kommen wieder. Freilich waren die vornehmen Leute anspruchsvoll und erwarteten schicke, moderne Gebäude in einer perfekt gepflegten Landschaft.

Die Reichen und Mächtigen folgten ihm in Scharen, und die schlichten alten Bäder reichten nicht mehr aus. Denn eine Kurstadt sollte ab jetzt ein richtiges Erlebnis sein und viel Raum für Erholung, Bewegung und spannende Freizeitaktivitäten bieten.

Die findigen Badener holten sich die berühmtesten Architekten in die Stadt, die zusammen mit den besten Baumeistern aus der Umgebung neue hygienische Badehäuser, weitläufige Parks, Theater, Villen, Prachtstraßen und vieles mehr schufen. Ein Großteil der Bauwerke ist sogar bis heute erhalten.

Von der Schlammgrube zum schicken Badehaus

Anfangs sickerte das Schwefelwasser noch durch einen Holzrost in einen Bretterkasten, der im schlammigen Boden stand. Doch schon bald wurden die Quellen mit teurem Lärchenholz oder Marmor eingefasst und elegante Badehäuser mit beheizten Umkleideräumen daraufgesetzt.

Eigentlich könnten wir ja auch mal in das schöne neue Frauenbad gehen, oder?

Ja! Gegen ein bissl mehr Luxus habe ich nichts einzuwenden!

~~Nicht~~ jeder willkommen!

Im Frauenbad durften natürlich auch Männer baden. Der Name kommt von der gotischen Frauenkirche, die früher dort stand: Das Schwefelwasser sprudelte unter dem Altar hervor. Nach dem Neubau war das Bad für Kaiser und Hochadel reserviert. Einfache Leute mussten draußen bleiben. Heute befindet sich dort das Arnulf-Rainer-Museum, und jeder ist willkommen!

Bis zu **80 Badelustige** tummelten sich im geräumigen Badesaal des neuen Frauenbads. Nur der Kaiser hatte ein eigenes Becken ganz für sich alleine.

Total überfüllt!

Luxus pur!

Der berühmte französische Architekt Charles de Moreau entwarf das prächtigste und bequemste Badehaus, das die Stadt je gesehen hat – das Frauenbad. Kaum zu glauben, aber im Jahr 1821 war der Neubau vielen Menschen zu modern! Sie trauerten um die alte, verfallene Kirche, die dem neuen Badetempel weichen musste.

Badehaus-Geschichten

Der Kaiser erfindet Baden neu

Kaiser Franz der Erste hatte einen großen Traum: Er liebte Baden und wollte die Stadt zum schönsten Heilbad in seinem Reich machen!

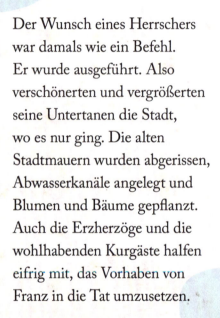

Der Wunsch eines Herrschers war damals wie ein Befehl. Er wurde ausgeführt. Also verschönerten und vergrößerten seine Untertanen die Stadt, wo es nur ging. Die alten Stadtmauern wurden abgerissen, Abwasserkanäle angelegt und Blumen und Bäume gepflanzt. Auch die Erzherzöge und die wohlhabenden Kurgäste halfen eifrig mit, das Vorhaben von Franz in die Tat umzusetzen.

In seiner Kurstadt sollte es allen Menschen gut gehen, nicht nur den Reichen. Darum ließ der Kaiser Armenbäder und Militärspitäler errichten und bestand auf Hygienevorschriften und Schutzbestimmungen für die Heilquellen.

Als die meiste Arbeit getan war, spazierte der Kaiser zufrieden durch seine Stadt. Viele Menschen grüßten ihn begeistert. Da musste der Kaiser so oft den Hut ziehen, dass seine Hutkrempe bald ganz abgegriffen war.

Wusstest du schon?

Eine Villa ist gut fürs Börserl

Ein prunkvolles Haus war eine wahre Goldgrube! Die Reichen ließen sich teure Villen bauen, um sie dann zu vermieten und damit Geld zu verdienen. Je nachdem, wie wohlhabend die Badelustigen waren, mieteten sie entweder ein Zimmer, ein Stockwerk oder gleich das ganze Haus. Vermieten war eigentlich Männersache – nicht jedoch in Baden! Hier ging es ungezwungener zu, und auch Frauen konnten mitmischen. Anfangs allerdings nur, wenn sie wirklich „echte" Bürgerinnen der landesfürstlichen Stadt Baden waren.

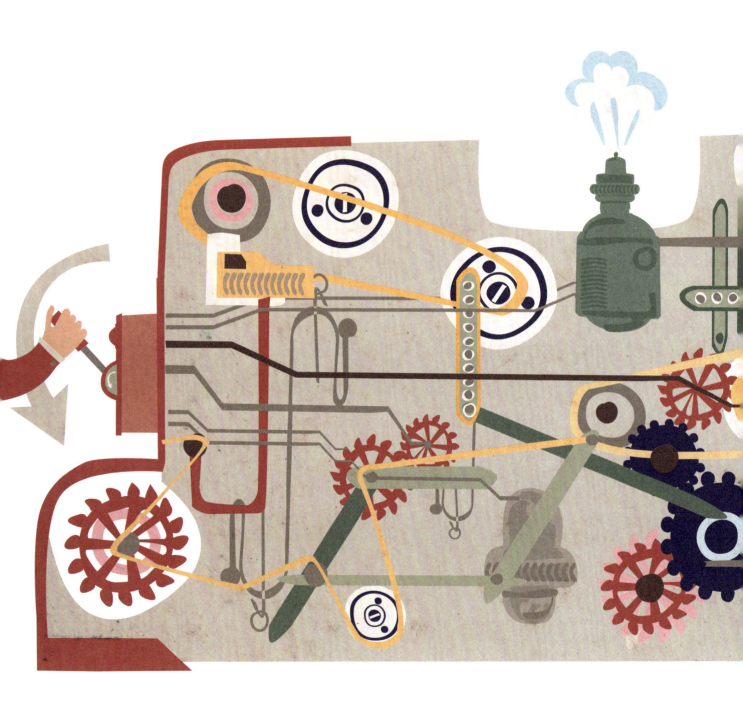

Technische Wunderdinge

Über Stock und Stein ging es einst nach Baden – dabei wurden die Insassen der Postkutsche ganz schön durchgeschüttelt. Oft brach sogar ein Rad und der Wagen kippte um! Nun wurde fleißig an Lösungen getüftelt, um nicht nur die Anreise, sondern auch den Aufenthalt für die Gäste angenehmer zu gestalten.

Schneller und sicherer am Ziel

Niemand wollte kostbare Zeit auf holprigen, staubigen Straßen vergeuden! Wer keine komfortable Kutsche besaß, nahm jetzt die Eisenbahn. Die Anreise in den überfüllten Waggons war zwar auch nicht gerade bequem, aber zumindest billiger und schneller. So strömten die Menschen aus nah und fern herbei, seit Baden 1841 an die moderne Südbahn angeschlossen war. Auch innerhalb der Stadt kamen die Gäste bald zügig voran. Mit der Pferdebahn ging es drei Kilometer quer durch Baden bis nach Rauhenstein. Im schönen Helenental mussten die Wagen einen steilen Felsen überwinden. Den Reisenden wurde dabei oft angst und bange. Kaiser Franz der Erste wusste eine Lösung: Er ließ Tonnen von Gestein entfernen und den Berg ganz einfach aushöhlen! Das war eine technische Meisterleistung. So entstand der Tunnel durch den Urtelstein, durch den auch heute noch die Straße führt.

Auf dem neuesten Stand der Technik

Neue Erfindungen wurden in der Kurstadt sofort ausprobiert. Kurz nachdem die Großstädte Berlin und Wien elektrisch erhellt worden waren, hatte auch das kleine Baden schon elektrisches Licht durch Strom. Auf einmal waren die schummrigen Gaslampen Vergangenheit – stattdessen betätigte man einen Schalter, und der Raum war in helles Licht gehüllt!

Genauso flink waren die Badenerinnen und Badener mit dem Apparat, der Sprache mit Hilfe des elektrischen Stromes in die Ferne übertrug: Der Herzoghof war das erste Hotel in ganz Österreich, das ein Telefon in jedem Zimmer anbot. Gespräche mit Freunden und Familie waren auf einmal kein Problem mehr und der Kuraufenthalt nicht mehr durch Heimweh getrübt.

Das Dach bewegt sich ja!

Einst stand im Kurpark ein Freilufttheater aus Holz – ohne Dach, mit den Wipfeln der Bäume als Kulisse. Die Besucher waren begeistert: Sie konnten in Ruhe ihren Tabak rauchen, während sie zuschauten.

Wenn es regnete, suchten die Gäste jedoch schleunigst das Weite. Der Theaterdirektor ließ sich etwas Schlaues einfallen. Seine neue Sommerarena hatte ein raffiniertes Glasdach: Es schützte vor Regen, konnte aber durch die verschiebbaren Elemente geöffnet werden, sobald die Sonne wieder hervorblinzelte. So ein Wunderwerk war damals einmalig, und Baden ist bis heute zu Recht stolz darauf!

Wie kommt das Wasser ins Bad?

An der Schwechat hatten die Badenden Glück: Hier sprudelte das Heilwasser direkt aus einer Grube im Uferschotter, und die Leute konnten gleich in das wohltuende Nass eintauchen. Schwieriger war

die Versorgung der Bäder in der Nähe des Kurparks: In einem Becken unter der Erde musste das Schwefelwasser aus der Ursprungsquelle über Nacht gesammelt und später dorthin geleitet werden, wo man es brauchte. Doch – oh Schreck! Der Schwefel zersetzt selbst den dicksten Stein und das stärkste Metall! Kluge Köpfe ließen sich etwas Geniales einfallen und bauten die Rohre aus Holz. Heute bestehen die Leitungen aus Hightech-Kunststoff – durch dieses moderne Material kann sich der Schwefel nicht einfach so durchfressen.

Hoppala!

Unverhofft kommt oft: Im Jahr 1815 kam es zu einer spektakulären Panne – während der Eröffnungsfeier stürzte die nagelneue Luisenbrücke plötzlich in sich zusammen! Von der ersten gusseisernen Brücke im Kaiserreich war nur noch ein Haufen verbogener Schrott übrig. Die neue Kaiser-Franz-Joseph-Brücke war zum Glück stabiler und steht heute noch.

Ratzfatz von Wien nach Baden

Ungefähr drei Stunden dauerte eine Kutschenfahrt von Wien nach Baden. Das war ganz schön lange, wenn man bedenkt, dass Tagesgäste meist noch am selben Tag wieder in die Großstadt zurückfuhren. Schneller ging es mit der Südbahn – der Zug brauchte nur noch 35 bis 40 Minuten. Die elektrische Lokalbahn fuhr mit 55 Minuten zwar etwas länger, dafür machte sie aber an zahlreichen Stationen Halt – eine enorme Erleichterung für alle diejenigen, die den Bahnhof nicht direkt vor der Haustür hatten.

Für eine Fahrkarte zur Ruine bezahlte man früher in etwa das, was auch fünf Eier kosteten.

Kann man mit einer Wurst verreisen?

Die Wiener reisten gerne mit einer Wurst nach Baden. Moment mal – mit einer Wurst? Natürlich ist keine echte Wurst gemeint … Der Wurstwagen ist eine Kutsche, deren Form die Leute an eine Wurst erinnert hat. Eigentlich war das Gefährt für die Jagd gedacht – später konnte man den Wagen für eine Fahrt von Wien nach Baden buchen.

Wusstest du schon?

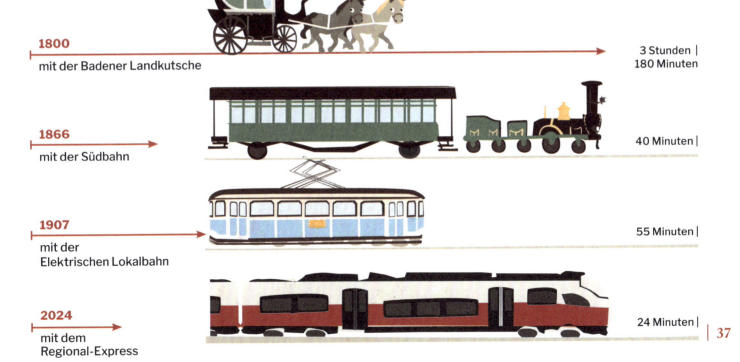

1800 mit der Badener Landkutsche — 3 Stunden | 180 Minuten

1866 mit der Südbahn — 40 Minuten

1907 mit der Elektrischen Lokalbahn — 55 Minuten

2024 mit dem Regional-Express — 24 Minuten

Bewegung tut Körper und Seele gut! Deshalb ist sie auch ein wichtiger Bestandteil der Kur. Die Landschaft ist so schön wie im Bilderbuch – die Wiesen leuchten in kunterbunten Farben zwischen sanften Weinbergen und üppigen Wäldern. Das bringt auch den größten Bewegungsmuffel auf die Beine!

Beweg dich gesund

Sich zu bewegen hilft beim Gesundwerden und Gesundbleiben. Das straffe Programm der Kur bestand also nicht nur aus Bädern im Schwefelwasser, sondern auch aus Spaziergängen in der Natur. Deshalb entstand bald ein Park nach dem anderen.

Schöner als in der Natur

Ein Wanderweg führte direkt ins Helenental: Hier konnte man stundenlang die beeindruckende Natur genießen, die von Menschenhand herausgeputzt war. Die Erzherzöge Anton und Karl und der neue Verschönerungsverein legten Fußwege an, stellten Bänke an schattige Plätzchen und inszenierten die Ruinen Rauhenstein und Rauheneck als Aussichtstürme. Das mächtige Schloss Weilburg thronte inmitten des Tals.

Schwitzen bei der Terrainkur

Während im unteren Kurpark die feine Gesellschaft flanierte, wurde es im oberen Kurpark schnell steiler und anstrengender. Auf den Terrainkurwegen kommen Untrainierte bis heute aus der Puste, denn in kurzer Zeit müssen unterschiedlich steile Hänge erklommen werden.

Was ist Bewegung überhaupt?

Früher glaubte man doch tatsächlich, eine gemütliche Fahrt mit der Kutsche würde als Fitness-Training durchgehen! Mit der Zeit wurde den Menschen aber klar: Sie mussten vom gepolsterten Sitz aufstehen und sich selbst bewegen. Freilich gerieten sie beim Wandern an der frischen Luft ordentlich ins Schwitzen, aber ohne Fleiß eben kein Preis.

Die **Schirmföhre** mag felsigen Untergrund. Erst streckt sie sich kerzengerade in die Höhe, bis sie sich im Alter hinunterneigt und ihre typische Schirmform erhält.

Biosphärenpark Wienerwald

Wiesen und Wälder reinigen die Stadtluft und spenden Feuchtigkeit und Schatten. Im Kurpark wird bis heute keine Chemie verwendet – alles bleibt so natürlich wie möglich. Deshalb fühlen sich die Pflanzen und Tiere hier auch pudelwohl. Am Kalvarienberg fügt sich der Park nahtlos in den riesengroßen Wienerwald ein.

Was wächst denn da?

Wer darauf achtet, was sich so alles vom Boden emporreckt, der findet für die Region typische Bäume und Blumen. Aber bitte nur schauen, nicht pflücken!

Nach einem langen Winter bringt die **Groß-Kuhschelle** endlich wieder Farbe auf den Trockenrasen. Die genügsame Blume braucht wenig Wasser und wächst auch an den steilsten Hängen.

Der Kalvarienberg ist durchlöchert wie ein Schweizer Käse – die **Fledermäuse** haben sich das Höhlensystem zu ihrem Zuhause gemacht. Nachts schwärmen sie dann aus und gehen auf die Jagd.

Was wohnt denn da?

Auch so manches Getier kriecht, wuselt, fliegt und summt herum. Wer leise und aufmerksam durch die Natur wandert, kann einen Blick auf die tierischen Bewohner erhaschen.

Vor 200 Jahren wurden mehr als tausend verschiedene **Rosenarten** in der Weilburg angepflanzt – einige blühen heute noch im Rosarium.

Die **Smaragdeidechse** versteckt sich im Gebüsch oder in Steinhaufen. Sie sonnt sich gerne – droht Gefahr, huscht sie jedoch blitzschnell in ihr Versteck zurück.

Beim Spaziergang verirrt

Ludwig van Beethoven liebte weite Wanderungen. Dies ging eines Tages schrecklich schief… Der Komponist hatte nur einen kleinen Spaziergang machen wollen, war aber so in Gedanken versunken, dass er einfach immer weiterwanderte. So landete er in Wiener Neustadt, wo er mit seinem schäbigen Rock und zerzausten Haaren für einen Landstreicher gehalten wurde. Der berühmte Musiker wurde sogar ins Gefängnis gesteckt! Nach Aufklärung des Missverständnisses entschuldigte sich der Bürgermeister vielmals und ließ ihn mit einer prächtigen Kutsche zurück nach Baden bringen.

Wusstest du schon?

Wintersport im Kurpark!

Sobald die Wiesen unter einer daunenweichen weißen Schneedecke verschwanden, schnappten sich die Badenerinnen und Badener ihre Rodeln und sausten vom Rudolfshof aus quer durch den Kurpark nach unten. Sogar auf Skiern schwangen sie sich die Hügel hinunter, oder sie versuchten sich im Langlaufen!

Spion im Badehöschen

Die Konkurrenz schläft nicht! Badeärzte spionierten die Gesundheitsgeheimnisse anderer Kurorte aus, um die eigene Kur noch weiter zu verbessern. Erfolgsrezepte wurden einfach abgekupfert. Nichts war vor ihren neugierigen Nasen sicher.

Schwefelwasser heilt fast alles

… davon waren die Menschen fest überzeugt. Sogar Lahme mit Krücken sollten nach dem Bad im Wunderwasser wieder vergnügt herumspringen! Ganz so stimmte das natürlich nicht, auch wenn der Schwefel wirklich vielerlei Beschwerden linderte. Je nach Schwere der Erkrankung saßen die Menschen bis zum Nabel oder gar bis zum Hals im Badebecken. Manchmal planschten sie freilich auch nur mit den Füßen, atmeten die heißen Tröpfchen ein oder brausten sich mit dem Schwefelwasser ab. Frauen und Männer waren dabei komplett angezogen! Die hochgeschlossenen Kleider der feinen Damen waren am Saum mit Blei beschwert, damit sich der Rock im Wasser nicht in die Höhe hob.

Fitness-Folter-Apparat

Vor 150 Jahren gelangte ein Vorläufer der heutigen Fitnessgeräte zu Weltruhm: der Zanderapparat. Kurz darauf zog die Kraftmaschine des schwedischen Heilgymnastikers Gustav Zander in Baden ein. Doch – Hilfe! Das Metallgestell erinnerte an ein Folterinstrument. Dabei half der Zanderapparat nur, die Muskeln zu stärken und wiederaufzubauen.

Spionage in den Kurstädten

Die Stadtväter schickten ihre Spione in geheimer Mission durch halb Europa. So kamen schließlich neue Ideen wie Massage, Heilgymnastik und sogar Elektrotherapie nach Baden! Hier konnte man auch bald die neumodische Terrainkur ausprobieren – nur wenige Monate, nachdem ein Münchner Professor sie bekannt gemacht hatte.

Natürlich war auch unsere Kurstadt ein Ziel für Geheimagenten. Der berühmteste Kundschafter war Zar Peter der Große. Im Juli 1698 vergnügte er sich im Herzogsbad. Kaum zurück in Russland, ließ er dort auch nach heilbringenden Thermalquellen suchen.

Trinkkur?
Nein, danke!

Lieber nahmen die badelustigen Gäste in Baden ein Vollbad. Denn der Schwefel im Wasser roch nicht nur nach faulen Eiern, sondern schmeckte auch nach Schießpulver! Findige Köpfe mischten deshalb süßen Fruchtsaft dazu. Beliebt war auch ein Smoothie aus Schwefelwasser, Milch und frischem Kalbsmagen, der heiß und auf nüchternen Magen getrunken werden sollte. Na dann: Prost Mahlzeit!

Schlemmen erlaubt!

Wer gesund isst, fühlt sich in seinem Körper wohl und wird weniger krank. Deshalb stehen heute knackiges Gemüse, Fisch und Vollkornbrot auf unserem Speiseplan. Früher waren die Ärzte allerdings anderer Ansicht, was bei einer Diät erlaubt sei und was nicht. Die Kurgäste durften sich tatsächlich Kuchen, Erdbeeren mit viel Zucker und Kakao zum Frühstück schmecken lassen: eine richtige Traumdiät!

Bitte gut benehmen!

Schon immer hatte der Bademeister ein wachsames Auge auf das Treiben im Becken. Seinem Blick entging kaum ein Regelverstoß – und Regeln gab es viele: So durfte man nicht nackt baden, auch nicht mit Wasser spritzen oder Wellen machen. Schade!

Wusstest du schon?

Aufbaden – Abbaden

Früher planschten die Badegäste mehrere Stunden im Schwefelwasser. Wie schrumpelig ihre Finger wohl gewesen sein mussten …
Beim Aufbaden gewöhnten sie sich langsam an den Schwefel, und am Ende der mehrwöchigen Kur wurde der Körper beim Abbaden wieder vom Schwefel entwöhnt. Heute bleiben Badelustige nur etwa 15 Minuten am Stück im Wasser.

Jemandem etwas ankreiden

Wer gegen die Regeln verstieß, bekam bald Ärger. Denn Unruhestifter mussten nicht nur Strafe zahlen: Ihre Namen wurden auch mit Kreide riesengroß an die Wand des Badesaals geschrieben. Kreidet man heute jemandem etwas an, dann beschuldigt man ihn, etwas Unrechtes getan zu haben.

Warum riecht das Schwefelwasser im Thermalstrandbad nicht?

Komisch – im Thermalstrandbad gibt es ein reines Schwefelbecken, und trotzdem vertreibt der Geruch die Leute nicht! Wie ist das möglich? Nun, das Heilwasser wird zunächst gereinigt und mit Zusätzen wie Chlor aufbereitet, um Bakterien und Schwebstoffe herauszufiltern. Erst dann sprudelt es ins Schwimmbad und steht für die Badegäste zur Verfügung.

Reines Schwefelwasser?

Nur ein Viertel Schwefelwasser enthält das Schwefelbecken der Römertherme. Wer reines schwefelhaltiges Quellwasser genießen möchte, der kann das im Thermalstrandbad tun. Die sogenannten „Wandln" sind dort mit unverdünntem Schwefelthermalwasser gefüllt.

Zentrum der Welt

Alle woll'n nach Baden fahr'n!

Wie ein Magnet zog Baden die Leute an: Alle reisten gerne dorthin, wo auch der Kaiser seine Sommer genoss. Rasch tummelten sich die Reichen und Mächtigen, Wissenschaftler und Künstler, Politiker und Geschäftsleute in der Kurstadt. Die Gästeschar ist bis heute so bunt wie ein Regenbogen – in Baden ist jeder willkommen!

Ein heißer Treffpunkt

Bei der Ankunft trugen die Gäste Namen und Adresse in ein dickes Buch ein. Neugierige Ankömmlinge blätterten gleich gespannt darin: Sie wollten nämlich unbedingt wissen, wer sonst noch alles da war. Heute lesen sich die Kurlisten wie ein Nachschlagewerk der feinen Gesellschaft aus ganz Europa. Natürlich waren auch so manche Wichtigtuer und Möchtegern-Stars mit dabei!

Schließlich konnte man nur hier einen solchen Aufmarsch wichtiger Persönlichkeiten hautnah erleben! Sogar der berüchtigte Kaiser der Franzosen, Napoleon Bonaparte, machte in Baden Halt und kostete das Schwefelwasser. Hoher Besuch wollte

Baden ein, um sich ein Bild von den Heilquellen zu machen. Der Kurpark war der perfekte Treffpunkt: um zu sehen und gesehen zu werden, um wichtige Leute zu treffen oder kennenzulernen. Weltbekannte Komponisten wie Joseph Lanner und Johann Strauss verzauberten die Menschen mit ihrer Musik. Der Kapellmeister Karl Komzak ließ sein Kurorchester Walzer, Polkas und Märsche so mitreißend spielen, dass die Gäste von ihren Stühlen aufsprangen und minutenlang klatschten. Die Musiker verdienten gutes Geld, und so kamen sie gern und oft wieder.

freilich angemessen empfangen werden. Für Königin Maria Pia von Portugal wurde extra eine neue Straße geplant, damit sie vom Bahnhof bequemer zum Schloss Leesdorf kam, wo sie wohnte. Das sorgte für reichlich Aufruhr! Ein wahres Spektakel war auch die wissenschaftliche Tagung der Naturforscher und Ärzte. 39 Eilpostwagen mit insgesamt 206 Gästen trafen in

Ort der Inspiration

Andere Künstler kamen selbst zur Kur. So mancher fand dabei seine Inspiration. In der Kurstadt warteten nämlich Entspannung, Spaß und ganz viel Grün – und plötzlich sprudelten die guten Einfälle nur so aus den Köpfen hervor! Nicht alle sehnten sich dabei nach lustiger Gesellschaft. Ludwig van Beethoven wollte in der Natur richtig tief durchatmen, und so wanderte er viele Kilometer durch die stille Landschaft. Sein Ort der Inspiration war ein geheimnisvoller Stein im Helenental, der bis heute nach ihm benannt ist.

Ein Zeichen der Liebe

Für seine Herzensdame ließ der siegreiche Feldherr Erzherzog Karl ein prachtvolles Schloss errichten – die Weilburg. Das war sicher das beste Geschenk, das seine Frau Henriette je bekommen hatte! Majestätisch überblickte das imposante Bauwerk das Helenental, zu beiden Seiten von malerischen Ruinen eingerahmt. Leider wurde die Weilburg 1945 zerstört: Nur der Wappenstein erinnert noch daran.

Lieblingsplatz der Habsburger

Für mehr als 600 Jahre lenkte die Familie Habsburg das Geschick der Menschen in ganz Europa. Baden wurde ihre zweite Heimat. Kaiser Franz der Erste verbrachte fast jeden Sommer in seiner geliebten Kurstadt! Sein Enkel Kaiser Franz Joseph bevorzugte zwar Bad Ischl, 1899 stattete er Baden trotzdem einen Besuch ab. Die Geschwister von Franz und ihre Kinder waren sowieso von Baden begeistert: Im Sommer wimmelte es hier von Erzherzoginnen und Erzherzögen!

Der Wiener Kongress tanzt

1814 und 1815 leitete Staatskanzler Fürst Klemens Wenzel von Metternich den Wiener Kongress: Könige und Fürsten wollten nach den Napoleonischen Kriegen endlich Frieden für Europa schaffen. Die Österreicher waren gute Gastgeber und sorgten für Spaß bei der Arbeit. Metternich und sein Berater Friedrich von Gentz nahmen ihre Gäste mit nach Baden, wo sie nächtelang tanzten und Walzermusik lauschten.

Militärisches Hauptquartier

Während des Ersten Weltkriegs war Baden Sitz des Armeekommandos der Monarchie. Österreichs allerletzter Kaiser schrieb hier Weltgeschichte: Er gab seine Befehle vom ersten Stock des Kaiserhauses aus.

Wusstest du schon?

Ode an die Freude: Beethovens Neunte

Ludwig van Beethoven verbrachte viele Sommer in Baden, um sich von seinen Leiden zu erholen. 1822 und 1823 arbeitete er im Beethovenhaus Tag und Nacht an seiner 9. Sinfonie. Der letzte Satz davon ist heute unsere Europahymne!

Mozart komponiert das Ave Verum

Als Constanze, die Frau von Wolfgang Amadeus Mozart, 1791 in Baden zur Kur war, kümmerte sich sein Freund Anton Stoll um sie. Natürlich besuchte Mozart seine Liebste. Chormeister Stoll nutzte die Gelegenheit und bat ihn, schnell noch etwas für das Fronleichnamsfest zu komponieren. So entstand über Nacht das weltberühmte Ave Verum, das Mozart selbst an der Orgel in der Pfarrkirche St. Stephan uraufführte.

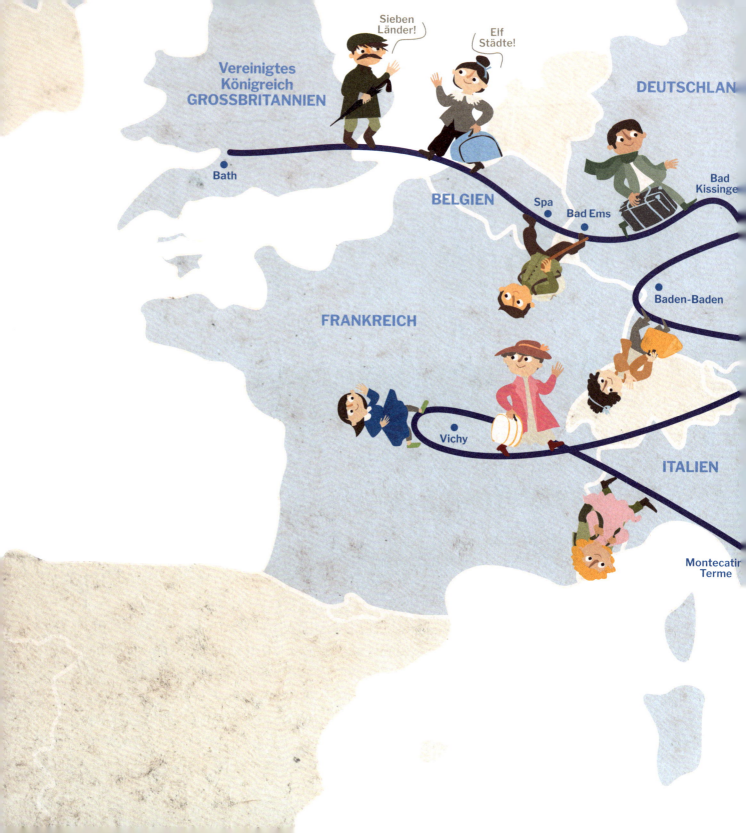

Die Kurstadt als UNESCO-Welterbe

Die Badenerinnen und Badener haben jahrhundertelang gut auf ihre Kurstadt aufgepasst. Warum? Weil Baden etwas ganz Besonderes war – und heute noch ist! Das hat auch die UNESCO erkannt und die Stadt zum Weltkulturerbe gemacht.

Die bedeutendsten Kurstädte Europas

Seit dem 24. Juli 2021 zählt Baden zu den „Great Spa Towns of Europe" – das heißt auf Deutsch „bedeutendste Kurstädte Europas". So nennt die UNESCO das Kurstadt-Welterbe. Dazu gehören insgesamt 11 Städte. Diese verteilen sich auf 7 Länder in ganz Europa. Die Menschen, die dort wohnen, sprechen 5 verschiedene Sprachen. Baden ist als einzige Stadt aus Österreich mit dabei!

Das ist eine große Auszeichnung! Denn die UNESCO ist die wichtigste Organisation der „Vereinten Nationen" für Bildung und Kultur. Fast alle Länder der Welt sind Mitglied.

Der Weg zum UNESCO-Titel war freilich für alle ein hartes Stück Arbeit. Denn die Kurstädte mussten alle erst beweisen, dass sie wirklich so toll sind wie vermutet. Aber die Mühe hat sich gelohnt. Die Mitglieder der UNESCO waren sich dann sofort einig. Noch nie haben sie so schnell entschieden, ein Erbe der Welt in ihre berühmte Liste aufzunehmen!

6 Minuten!

Was ist ein Welterbe überhaupt?

Ein Welterbe ist außergewöhnlich und einzigartig. Es ist ein magischer Ort. Seinen Zauber kann man richtig spüren. Ein Welterbe ist aber auch ein wichtiges Zeugnis unserer Vergangenheit. Könnte es reden, hätte es spannende Geschichten zu erzählen. Für uns als Menschheit ist ein Welterbe so wertvoll, dass wir es pflegen, schützen und erhalten wollen. Damit auch unsere Kinder und Kindeskinder diesen Ort noch erleben können.

11 Kurstädte sind 1 Welterbe

… wie geht das denn? Kinderleicht! Unser Welterbe ist nämlich wie ein Puzzle. Es besteht aus einzelnen Teilen, die zueinander passen. Jede der Kurstädte ist so ein Puzzleteil – auf ihre Weise einzigartig, aber trotzdem Teil eines gemeinsamen Ganzen – des Kurstadt-Welterbes.

Ist doch alles das Gleiche!

Gar nicht!

Wasser, das heilen kann. Städte, die aus den Quellen sprießen. Natur, die verschönert wird. Gäste, die gesund werden wollen, von der Königin bis zum Bettler: Das haben alle Great Spa Towns gemeinsam und deshalb sind sie alle Teil desselben Welterbes.

Was macht die Great Spa Towns eigentlich einzigartig?

Ganz einfach! Sie waren keine gewöhnlichen Heilbäder. Nur hier fanden alle, was ihr Herz wirklich begehrte – ein Gesamtpaket aus Baden, Wohlfühlen, Wandern und Spaßhaben. Zwar gab es diese Städte schon lange – trotzdem waren sie stets die modernsten, die elegantesten und die weltoffensten unter den hunderten, ja wahrscheinlich tausenden Kurorten in Europa. Keiner konnte ihnen das Wasser reichen!

Weil die Menschen ähnliche Wünsche hegten, entstanden bald überall ähnliche Bauten. Trotzdem gleichen sich die Gebäude nicht wie ein Ei dem anderen. So sind die Badehäuser in Baden klein und fein. Die Becken füllten sich schnell,

BADEN BEI WIEN
Österreich

Wir haben die tollsten Villen!

BADEN-BADEN
Deutschland

Wir sind der prächtigste Nobelkurort.

SPA
Belgien

Wir geben dem Welterbe den Namen!

BATH
Vereinigtes Königreich

Das ganze Welterbe ist bei uns riesig!

und das Schwefelwasser wurde zweimal täglich gewechselt, damit es sauber blieb. In Montecatini hingegen stehen gewaltige Hallen, groß genug für Heerscharen von Gästen. Dahinter versteckt sich oft ein riesiges Gebäude nur mit Klos, zu dem die Kurgäste eilten! Warum? Weil in Italien salzhaltiges Heilwasser getrunken wurde. Schon ein kleiner Becher wirkte abführend!

Jede Kurstadt ist ein wenig anders und leistet so ihren speziellen Beitrag zum gemeinsamen Welterbe.

Baden glänzt durch seine knapp 600 Villen. Nirgends sonst stehen noch so viele, so gut erhaltene Luxusbauten wie hier. Schließlich war die Stadt nur einen Katzensprung von Wien entfernt – damals Hauptstadt des mächtigen Habsburger-Kaiserreichs – und ein Tummelplatz der Reichen und Schönen aus nah und fern.

MARIÁNSKÉ LÁZNĚ Tschechien
Wir haben die meisten Quellen.

KARLOVY VARY Tschechien
Unsere Quellen sind am wärmsten.

FRANTIŠKOVY LÁZNĚ Tschechien
Den Heilschlamm haben wir erfunden!

BAD KISSINGEN Deutschland
Bei uns tropft Heilwasser direkt vom Himmel!

BAD EMS Deutschland
Bei uns kann man das Heilwasser lutschen!

VICHY Frankreich
Unsere Pastillen sind heilsam und lecker!

MONTECATINI TERME Italien
Wir haben gigantisch große Bäder!

Wusstest du schon?

Der Vertrag

Alles begann mit einem Stück Papier: Vor 50 Jahren hat die UNESCO einen wichtigen Vertrag beschlossen. Wer unterzeichnet, erklärt sich bereit, das Welterbe so gut wie möglich zu schützen. Österreich hat den Vertrag vor 30 Jahren besiegelt. Als Erinnerung daran feiern wir jedes Jahr am 18. April den Tag des Welterbes!

*Bei der Sitzung der UNESCO in meiner Heimatstadt Fuzhou in China wurden die **Great Spa Towns of Europe** in die Liste eingetragen!*

Welterbe-Einmaleins

In Österreich gibt es **zwölf Welterbestätten**. Kaum zu glauben – auf der ganzen Welt sind es bloß 100-mal so viele wie im klitzekleinen Österreich!

3
Kulturlandschaft Hallstatt–Dachstein/ Salzkammergut
seit 1997

9
Prähistorische Pfahlbauten um die Alpen
seit 2011

10
Alte Buchenwälder und Buchenurwälder der Karpaten und anderer Regionen Europas
seit 2017

AUSTRIA
- Historic Centre of the City of Salzburg
- Palace and Gardens of Schönbrunn
- Hallstatt-Dachstein / Salzkammergut Cultural Landscape
- Semmering Railway
- City of Graz – Historic Centre and Schloss Eggenberg
- Wachau Cultural Landscape
- Historic Centre of Vienna
- Fertö / Neusiedlersee Cultural Landscape *
- Ancient and Primeval Beech Forests of the Carpathians and Other Regions of Europe *
- Prehistoric Pile Dwellings around the Alps *
- Frontiers of the Roman Empire – The Danube Limes (Western Segment)
- The Great Spa Towns of Europe *

AZERBAIJAN
- Walled City of Baku with the Shirvanshah's Palace and Maiden Tower
- Gobustan Rock Art Cultural Landscape
- Historic Centre of Sheki with the Khan's Palace
- Hyrcanian Forests *
- Cultural Landscape of Khinalig People and "Köç Yolu" Transhumance Route

BAHRAIN
- Qal'at al-Bahrain – Ancient Harbour and Capital of Dilmun
- Pearling, Testimony of an

BANGLADESH
- Historic Mosque City of Bagerhat
- Ruins of the Buddhist Vihara at Paharpur

Old Tea Forests of the Jingmai Mountain in Pu'er

COLOMBIA
- Port, Fortresses and Group of Monuments, Cartagena
- Los Katios National Park
- Historic Centre of Santa Cruz de Mompox
- National Archeological Park of Tierradentro
- San Agustín Archeological Park

National Park – "The Maloca of the Jaguar"

CONGO
- Sangha Trinational *
- Forest Massif of Odzala-Kokoua

Die Liste

Die UNESCO schreibt eine lange Liste. Wer daraufsteht, gilt offiziell als Welterbe. Achtung, aufgepasst: Nix ist fix. Einige Orte wurden wieder von der Liste gestrichen. Oje!

1 Historisches Zentrum der Stadt Salzburg
seit 1996

6 Kulturlandschaft Wachau
seit 2000

7 Historisches Zentrum von Wien
seit 2001

11 Grenzen des Römischen Reichs – Donaulimes
(Westliches Segment)
seit 2021

2 Schloss & Park von Schönbrunn
seit 1996

8 Kulturlandschaft Fertő / Neusiedler See
seit 2001

5 Stadt Graz – Historisches Zentrum und Schloss Eggenberg
seit 1999

4 Semmeringeisenbahn
seit 1998

12 Great Spa Towns of Europe
(Baden bei Wien)
seit 2021

Warum gerade 11 Kurstädte?

Viermal so viele Städte wurden begutachtet. Doch nur 11 davon erfüllten die strengen Auswahlkriterien der UNESCO. Schließlich steht Welterbe für höchste Qualität!

Ist ganz Baden Welterbe?

Na, so was! Nur $\frac{1}{8}$ des heutigen Stadtgebiets ist Welterbe. Das entspricht in etwa 30-mal der Trabrennbahn.

INHALT

Hier kannst du nachschauen, wo was zu finden ist!

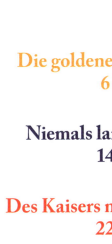
Das ist spannend!

Die goldenen Quellen
6

Niemals langweilig!
14

Des Kaisers neues Baden
22

Technische Wunderdinge
30

Raus an die frische Luft!
38

Das finde ich am lustigsten!

Spion im Badehöschen
46

Zentrum der Welt
54

Die Kurstadt als UNESCO-Welterbe
62

IMPRESSUM

Herausgeberin
Stadtgemeinde Baden

Idee, Konzeption und Redaktion
Alexandra Harrer | Klaus Lorenz | Hans Hornyik

Fachliche Beratung
Birgit Doblhoff | Stephanie Godec |
Alexandra Harrer | Hans Hornyik | Klaus Lorenz |
Ulrike Scholda | Christine Triebnig-Löffler

Text
Alexandra Harrer | Claudia Dukek | Daniela Meisel

Illustrationen – Umschlag und Innenteil
Julia Stern

Gestaltung und grafische Produktion
Julia Stern

Lektorat
Petra Vock

Kral-Verlag 2024
J.-F.-Kennedyplatz 2, A-2560 Berndorf

1. Auflage 2024

ISBN: 978-3-99103-207-6

Printed in EU
Alle Rechte vorbehalten